DISCOURS
SUR LE DANGER
DE LA PATRIE,

Prononcé à la Tribune des Amis de la Constitution de la Ville de Sommières, le 31 Juillet 1792, l'an 4.ᵐᵉ de la Liberté, & imprimé d'après un Arrêté de la Société pour être envoyé à toutes les Sociétés affiliées.

Par Justin BEAUX, Juge au Tribunal du District de Sommières, & Juge suppléant au Tribunal de Cassation.

Les loix, les mœurs, qui nous tiennent unis ;
Peuple, toujours trompé ! voilà tes vrais amis.

A NISMES,
De l'Imprimerie Nationale.

1792.

(7.)

Le serment civique est : *Je jure d'être fidèle à la Nation, à la Loi & au Roi, & de maintenir de tout mon pouvoir la Constitution du Royaume, décrétée par l'Assemblée Nationale Constituante, aux années* 1789, 1790, & 1791. Tit. 2, art. 5. de la Constitution Française.

Aucun des Pouvoirs institués par la Constitution, n'a le droit de la changer dans son ensemble ni dans ses parties, sauf les réformes qui pourront y être faites par la voye de la révision, conformément aux dispositions du Titre VIII ci-dessus.

L'Assemblée Nationale Constituante en remet le dépôt à la fidélité du Corps Législatif, du Roi & des Juges, à la vigilance des pères de famille, aux épouses & aux mères, à l'affection des jeunes citoyens, au courage de tous les Français. Tit. VII, *à la fin.*

DISCOURS
SUR LE DANGER
DE LA PATRIE.

DAns le conflit de tant d'intérêts inconciliables que suscitent les révolutions politiques, il n'est que trop facile aux hommes de se passionner, de se froisser les uns les autres. On est dans la même société, comme des gens qui se mettraient en foule à courir en tous sens, dans une carrière étroite, & qui s'embarrasseraient, se heurteraient avec ceux dont le mouvement est plus ou moins accéléré, sur-tout avec ceux qui ont un mouvement contraire, tendant à un but opposé. Les passions s'enflâment, tout se désordonne, une fièvre maligne attaque le corps politique; les délires populaires, l'anarchie, la guerre civile, qui marche toujours à sa suite, donnent des fers ou la mort aux empires.

Les amis constans de la patrie n'ont à craindre, surtout quand elle est en péril, que leur insubordination & leurs mésintelligences. Qu'ils remarquent donc combien il leur importe de s'accorder dans leurs mouvemens. Tel est l'avantage d'un front ou d'un colonne militaire, dont tous les individus, dociles à leurs chefs, d'un pas égal & en masse, tendent au même but.

Puisse cet heureux accord être excité, être formé par tous les gens de bien ! Que ceux qui se sentent animés d'un zèle véritable, d'un zèle sincère pour le bonheur général, se hâtent de donner l'exemple ; qu'ils se fassent un devoir de se rallier, de se serrer, de s'accorder harmonieusement, & de ne jamais quitter la ligne tracée par la loi !

Nous devons nous préparer à éprouver, au dedans & au dehors, des commotions violentes. Disposons-nous à les recevoir avec le calme de cœurs raffermis par la raison, avec l'énergie du vrai patriotisme.

C'est aux sons funèbres du tocsin qui commençait à retentir dans toute la France, que nous vantions notre patriotisme avec une joye insensée. Nous célébrions la fête de la conquête de la liberté, en favorisant par nos divisions les conquêtes des tyrans ; nous nous croisions malgré nos intérêts communs, aux momens même où les tyrans se réunissaient, malgré leurs antipathies ; nous creusions nos tombeaux, lorsque nous n'avions qu'à monter sur nos chars de triomphe. Rappellons-nous, en effet, que chacun se demandait à l'approche du grand jour de la Fédération générale : L'Autel de la Patrie est-il donc exposé à être souillé du sang & des larmes de ses enfans ? Le Peuple Français, en si peu de temps dégoûté de ses succès & de sa gloire, va-t-il épargner à ses ennemis les périls du combat, & combler leurs desirs, en allant au devant de leur joug, courber sa tête humiliée ?

Français ! chaque jour voit accroître le péril. La catastrophe n'est que retardée. On peut vous faire la même question. Aimez-vous mieux resserrer entre vous les liens de fraternité que vous avez consacrés par tant de sermens solennels, ou vous laisser serrer par les fers du despotisme ? Pourriez-vous perdre en délibérations un temps précieux destiné à agir ? Nous sommes capables de nous sauver, si nous savons réunir nos forces ; si nous nous hâtons de les déployer. Empressons-nous donc d'aller cueillir dans les champs de l'honneur les lauriers de la victoire. La Patrie appelle ses véritables enfans. La violente agitation de la Capitale & des Départemens ; deux cents mille ennemis serrant de près nos petites armées ; des conspirations, toujours renaissantes parmi nous ; des scènes tragiques qui accoutument au mépris de la loi, quelquefois peut-être trop lente dans des temps où la révolte lève sa tête audacieuse ; en un mot, le cri de la Patrie en danger, la générale qu'on bat dans tout l'empire Français ; tout sollicite notre attention, notre union, notre dévouement.

Il me semble qu'en ces momens pressans, on considère avec trop de légéreté l'ensemble de ces événemens extraordinaires, qui tiennent aux plus grands intérêts de la Patrie, & qui occuperont une place si remarquable dans les fastes de la France.

A Dieu ne plaise que je veuille abattre les cœurs par des présages sinistres ! Mais il est temps de connaître nos maux ; mais un citoyen, voué depuis qu'il respire au culte de la liberté, toujours empressé à concourir à ses victoires, même avant la révolution, peut-il être sourd aux sons lugubres qui retentissent jusques au fond de son ame ? Peut-il s'endormir dans la sécurité, au moment où les amis & les ennemis de la liberté semblent se liguer pour faire triompher la tyrannie ; au moment où la révolte lève partout sa tête insolente & insensée ; où le fanatisme promène dans ses mains ensanglantées les torches fatales destinées à embraser l'empire ? Frères & amis ! ce n'est point à l'apparition du danger, que disparaît un bon soldat. Ne quittons point l'arêne lorsqu'il faut combattre. Dussai-je exciter contre moi cette terrible coalition qui désole les bons citoyens, je ferai fumer mon encens sur l'Autel de la Liberté, de cette déité à laquelle la France entière vient d'offrir un hommage solennel, &

contre laquelle la tyrannie & l'orgueil irrités lèvent leurs mains sacrilèges. C'est parce que le cri de la patrie en péril doit nous tirer de notre léthargie, & mettre fin à nos déplorables dissentions, que si je suis encore pour quelques momens empêché par mes fonctions de reprendre l'épée du patriotisme, je veux au moins en attendant faire entendre un cri de ralliement, pour nous préparer des triomphes nouveaux.

Ce cri de ralliement, Citoyens, ce cri que je ne me lasserai point de répéter, ce cri avant-coureur de la victoire, est celui-ci : Soumission entière a la Loi ; union intime entre les Citoyens.

Ce cri fatiguera, sans doute, les oreilles des malveillans. Il doit les atterer, en effet : voilà pourquoi les vrais patriotes aimeront à l'entendre, & le répéteront sincerement avec moi.

Point de milieu entre la Loi & l'anarchie, entre l'union des Citoyens & leur esclavage. Je vais, en frère, en véritable ami, vous en présenter quelques preuves. Que ne puis-je faire entendre ma faible voix dans tous les coins de l'empire ! elle pourrait peut-être exciter quelques bons Citoyens à le sauver.

Vérités importantes ! gravez-vous en traits de feu dans l'ame des Français, & ils obtiendront de tous les peuples du monde les hommages dûs aux vrais reſtaurateurs, aux ſages manutenteurs de la liberté!

I. Le deſpotiſme à la fois le plus cruel & le plus bizarre, enchaînait la Nation Françaiſe. Il s'étendait depuis les actions légitimes, les plus néceſſaires de la vie ſociale, juſques à la penſée, juſques à la conſcience. L'idée des droits du citoyen étoit non-ſeulement inconnue, on ne ſoupçonnait pas même les droits de l'homme. Il fallait aſſervir ſa conduite à la corruption de la cour, & ſa penſée à l'aſtuce des prêtres; il fallait être lâche & hypocrite, pour paraître bon citoyen & orthodoxe; ramper dans la pouſſière & ſe dépouiller de ſon patriotiſme, pour recevoir un coup d'œil favorable du deſpote & l'abſolution du Pontife.

La Nation Françaiſe rougit de cette abjection déplorable. Un élan généreux la fait ſortir de ce bourbier profond, malgré les efforts redoublés des tyrans qui l'y retenaient plongée. Un nouveau ſyſtême de légiſlation apprend aux Français étonnés qu'ils ſont des hommes, aux prêtres & aux tyrans qu'ils ne ſont pas des dieux. L'égalité conſacre ſes maximes, la liberté ſe met en poſſeſſion de ſes droits. La tête horrible de quelques ſuppôts de la tyrannie, la tête ſeule, paraît élevée pour la dernière fois, au-deſſus du plan horizontal qui tend à s'affermir. Les débris de la baſtille, diſperſés dans toute la France

& au dehors, deviennent des monumens précieux de la conquête de la liberté ; & cette prodigieuse conquête fixe dans nos fastes, l'époque d'une ère nouvelle.

Dans leur désespoir l'orgueil & la cupidité évoquent de l'Enfer toutes les furies, toutes les trahisons, tous les attentats. Partout s'ouvrent sous nos pas de vastes abymes ; partout à côté de nos frères, nous trouvons quelque ennemi.

Comment avons-nous donc pû nous avancer sitôt dans une carrière si nouvelle & si périlleuse ? Par notre union la plus intime ; par des fédérations sincères ; par l'établissement d'un certain ordre au milieu d'une anarchie complette ; en un mot, par une sorte de respect & pour les lois qui déjà n'existaient plus, & pour les lois qui n'existaient pas encore. Aussi, la France debout, se présenta fiérement à l'Europe, étonnée de ne pas la voir engloutie ; elle s'éleva majestueusement sur ses trophées ; prononça ses lois qui furent reçues comme les oracles de la sagesse ; & promulgua sa Constitution, qui jusques dans les moindres villages de l'Empire, obtint des temples & de nombreux adorateurs. Des sermens réitérés ont fait entendre en tous lieux ces accens de l'enthousiasme patriotique : *La Constitution ou la mort*.

L'ère de la Liberté Française ne remonte qu'à trois années, & l'on diroit que le Français, s'obstinant à ne point démentir son caractère, se lasse déjà, & cherche une situation nouvelle. Il semble oublier ses fermes réponses aux clameurs de la malveillance; qui cherchait à pactiser sur une Constitution que la sagesse devait soumettre à l'expérience; sur une Constitution dont les défectuosités, nécessitées par les circonstances orageuses qui ont entouré son berceau, ne l'ont point cependant empêchée de pré-ordonner elle-même son perfectionnement, en des temps probablement plus calmes. Le patriotisme n'annonçait, en effet, d'autre résolution que de maintenir son grand ouvrage, sans modification, sans tergiversation, & n'avait qu'un cri : *La Constitution ou la mort.*

Et cependant, ô folie! ô honte! ô crime! ce vigoureux patriotisme, ce patriotisme tout neuf, tout pur, commence à ne plus paraître du patriotisme. Voilà le parti Patriote, National, Constitutionnel, le seul dans lequel un homme honnête & sensé ne pouvait point se dispenser de faire preuve de dévouement, divisé en d'autres partis; voilà les Amis de la Constitution qui en se séparant déchirent la Constitution, & en emportent les lambeaux pour la refaire à leur manière. Les nouveaux partis oublient leurs sermens. L'un veut deux chambres, qui ramèneraient l'inégalité, les privilèges, les vexations, l'abjection & l'insolence. L'autre mine le trône que nos vieilles habitudes, l'étendue de l'empire, & surtout nos mœurs actuelles rendent encore nécessaire. Chacun sous le manteau du patriotisme, cache ses vues particulières, sa vengeance secrète, son artificieuse ambition, & les sots s'y laissent prendre. Tout en voulant leur liberté, ils enchaînent leur pensée aux feuilles de leurs journalistes ; trop abjets pour se sentir le courage de penser par eux-mêmes, ils sont assez lâches pour ne penser que par le cerveau d'autrui. L'insolente injure leur paraît du patriotisme ; le sarcasme, de la raison ; l'audace, de la vertu. En se croyant régénérés, ils croyent à une régénération universelle. Ils ne discernent pas que des vices nouveaux succèdent à d'autres vices. Ils ignorent que les mœurs ne subissent pas des métamorphoses subites ; qu'il ne faut rien moins pour les régénérer qu'une instruction & publique & particulière, qu'il la faut & longue & assidue, aidée d'un gouvernement stable, fondé sur un respect religieux pour les droits & les devoirs de l'Homme & du Citoyen ; ils ignorent qu'un Français d'aujourd'hui, ne peut pas plus devenir tout à coup un Spartiate, qu'un gland en un jour ne peut devenir un chêne.

Ainsi, le respect pour nos loix s'affaiblit, & la tyrannie reprend ses espérances.

La conquête de la liberté est moins difficile, peut-être, que sa conservation. L'excès de la tyrannie irrite l'ame des esclaves, leur abjection n'étouffe jamais en eux le désir de s'affranchir. Ce désir s'échauffe en raison progressive de la barbarie du tyran. Il devient général, il s'enflamme, son explosion est une insurrection tôt ou tard victorieuse.

Mais la conservation de la liberté doit être l'effet d'une vertu plus constante qu'impétueuse. La liberté une fois conquise par la force, doit d'abord pour être conservée par la sagesse, être assise sur une base solide. Cette base ne peut être qu'une *Constitution*, expression de la volonté générale.

Il faut, sans doute, que cette Constitution soit *bonne*, mais ce qu'il y a de plus pressant d'abord, c'est d'avoir une Constitution.

Une constitution fixée, arrêtée, consacrée par des sermens solennels doit obtenir sans doute, en attendant mieux, une soumission entière des Citoyens qui l'ont consentie.

Par quelle fatalité donc, en invoquant le sacré nom de la liberté, ses propres amis l'attaquent-ils dans ses fondemens ? ô sévère Camus ! qui revêtu d'un sacerdoce civique, portas il n'y a que deux jours dans la tribune nationale, le livre de la Loi, avec un recueillement & un respect religieux, tel qu'un pontife vénérable, environné de lévites, veillant sur le dépôt le plus sacré, qui t'eut prédit que tu serais témoin de tant de parjures; qui t'eût prédit que tu entendrais tant de blasphêmes, qu'il serait en peu de temps dangereux d'invoquer la Constitution, qu'il faudrait avoir du courage pour en prononcer le mot, de l'héroïsme pour en prendre la défense ?

Et vous, ô mes Concitoyens de toutes les parties de l'Empire ! est-ce pendant que le plus violent orage gronde sur nos têtes agitées, que vous voudriez voir abattre ce para-tonnerre politique, ce préservatif puissant ? Vous auriez l'imprudence de vous mettre en mer pendant la tempête, sans boussole, sans gouvernail; car que deviendrons-nous sans la Constitution ? vous voudriez perfectionner un si grand ouvrage à peine connu ! Les principes qui ont autorisé sa formation, autorisent sans doute son perfectionnement; ils sont éternels, immuables, fondés dans la nature des choses; puisqu'ils sont déduits des droits de l'Homme & du Citoyen. Mais en ce moment, n'avez-vous pas à vous défier des passions qui vous troublent, des intérêts particuliers qui vous en imposent, des erreurs auxquelles il vous est impossible d'échapper, dans des perplexités où le cri de la Patrie ne vous laisse que le temps de courir au plus pressant danger, & où vos brûlans cervaux se refusent malgré vous à la méditation ?

Mais me répondrez-vous les uns & les autres,

suivant vos syſtêmes particuliers, c'eſt la Patrie elle-même en péril, qui réclame ces changemens. Le ſalut du peuple, (& le plus inepte veut en juger aujourd'hui,) le ſalut du peuple eſt la ſuprême loi.

Ecoutez, je vous prie, le réſultat d'un peu méditation. Oui ſans doute le bien de la Patrie, *la plus grande félicité du plus grand nombre*, ou ce qui eſt la même choſe, le ſalut du peuple eſt la ſuprême loi. Il eſt évident que c'eſt là le but où tous nos mouvemens doivent nous conduire ; que le bonheur eſt la fin, & que la Conſtitution doit-être le moyen. Il eſt inconteſtable par conséquent que le moyen doit être approprié à la fin, comme l'outil entre les mains de l'artiſte doit être approprié à ſon ouvrage. Mais prenez garde que des malades en délire ou des enfans affuteraient mal cet outil & ſe bleſſeraient. Obſervez que tous les partis veulent juger aujourd'hui la Conſtitution en dernier reſſort, que chaque individu déclarerait ſuivant ſes caprices, que le ſalut du peuple conſiſte dans tel ou tel changement, & que cependant ce droit important, cette déclaration déciſive ne peut appartenir ni aux individus, ni aux agrégations particulières, parce qu'ils ne seraient jamais d'accord ni dans leurs propoſitions, ni dans leur but, ni dans leurs meſures. Obſervez qu'il n'eſt pas démontré que la Conſtitution ne ſoit pas jusqu'ici le meilleur moyen, pour parvenir à la grande fin de notre affociation, pour opérer le falut du peuple. Obfervez qu'elle nous fournit des reffources contre nos malheurs ; qu'elle atteint les ennemis de la Patrie, quelqu'élevé que foit le pofte où ils ofent prévariquer ; qu'elle a fes foudres contre les autorités conftituées, comme elle en a contre les fimples citoyens qui lui réfiftent. En ces momens terribles furtout, où toute l'Europe, (ne nous abufons plus,) s'apprête contre nous, attenter à notre Conftitution ! faper !..... Ah ! comme nous fervirions la caufe des tyrans ; comme vous verriez bientôt les plus ardens ennemis de la Conftitution, fe coalifer avec fes plus ardens défenfeurs, crier contre les parjures, nous oppofer à nous-mêmes, & la malveillance acquérir la plus funefte majorité ; la guerre civile allumer toutes fes fureurs ; l'armée fe défordonner & prendre parti ; les tyrans étrangers nous impofer une Conftitution à la Suédoife, les armes à la main ; le royalifme, le fanatifme, le féodalifme, pouffer de vigoureufes racines, nous écrafer de leur poids, nous immoler à leurs vengeances.... Loin, loin de nous ce fyftême deftructeur, né de la plus profonde ignorance ou de la plus infigne fcélérateffe.

Ne nous en prenons donc pas à nos loix. Prenons-nous en plutôt à nous-même. Attribuons plutôt nos malheurs à leur violation qu'à leur défectuosité. Tournons donc plutôt notre ardeur vers nos frontières que contre nous. Châtions vigoureusement & avec tenue les audacieux étrangers qui viennent se mêler de nos affaires; & lorsque nous aurons repoussé les voleurs qui forcent notre porte, nous songerons à perfectionner notre administration domestique.

II. J'ai dit, & je crois l'avoir assez prouvé, que le maintien de la liberté est impossible sans la plus entière soumission aux Loix; & je le dis encore impossible sans l'union des Citoyens entre eux.

L'union des Citoyens entre eux suppose des mœurs, il faut donc acquérir des mœurs. Quand on nous parle de Rome ou de Lacédémone, nous prenons pour des romans ce qu'on nous raconte de leurs héroïques vertus; il nous semble qu'on nous parle d'êtres d'une espèce toute différente de la nôtre, nous nous regardons avec raison comme des pigmées; & au lieu de faire effort pour nous élever à la hauteur de ces peuples célèbres, nous nous rapetissons encore, nous nous amollissons, nous nous divisons, nous nous corrompons; & dans cet état déplorable, quand même nos divisions ne nous empêcheraient pas de trouver un bon système social, ne s'opposeraient-elles pas sans cesse aux bons effets que nous pourrions en retirer? Soyons de bonne

foi

foi avec nous-mêmes ; & écoutons un peu cette bonne philosophie qui doit nous rapprocher ; sachons ce que c'est que ce patriotisme dont tant des gens se vantent si faussement & avec tant d'orgueil, sans en avoir la moindre idée.

Qu'est-ce, en effet, que le patriotisme bien entendu ? C'est cette disposition du cœur & de l'esprit, cette chaleur de l'ame, vive active & féconde qui nous porte à l'observation la plus scrupuleuse des lois, au respect soutenu pour les autorités constituées, à l'union franche & intime des Citoyens entr'eux, à la plus grande vigilance pour la sûreté, le bonheur & la gloire de la Nation dont on est membre; c'est ce penchant entretenu par la réflexion & fortifié par l'habitude, qui nous fait sincérement préférer l'intérêt général à notre intérêt particulier, qui s'en trouve toujours bien ; c'est ce mépris des jouissances & des faux besoins, qui laisse aux affaires publiques un temps qu'absorbent les voluptés, qui sauve la vigueur du corps & celle de l'ame, qui rend le plus pauvre assez riche, & le riche assez généreux ; c'est cette exactitude, cet empressement aux contributions publiques, parce que sans elles il n'y a plus ni sûreté, ni propriété, ni liberté ; c'est cette sollicitude franche & constante pour le maintien de l'harmonie sociale, sans laquelle l'état se livre rapidement aux divisions, des divisions à l'anarchie, de l'anarchie à la guerre ci-

B

vile, de la guerre civile à l'esclavage ; c'est cette délicatesse qui ne nous fait chercher notre place qu'au poste où nous pouvons le mieux nous rendre utiles, quels que soient les travaux & les périls qui s'y présentent, également incapables de la brigue qui y conduit, & de l'apathie qui en éloigne; c'est cette infatigable ardeur à combattre les opinions pernicieuses, sans se laisser attiédir ni par le nombre, ni par le crédit de ceux qui les propagent, sans se prêter à de honteuses capitulations sur les principes reconnus vrais, & consacrés par la volonté générale ; c'est cette attention imperturbable pour la conservation de la vraie liberté, de la liberté politique, qui n'est point la même chose que la licence, mais la même chose que la subordination, qui n'est point l'opposé de la gêne, mais l'opposé de l'injustice ; en un mot, c'est cette sagesse sans tiédeur, ce zèle sans férocité, ce dévouement sans ostentation, cette abnégation de soi-même, franche, pure, soutenue, qui nous fait braver les difficultés, les affronts, les dangers, l'ingratitude de nos concitoyens, pour les servir à notre détriment, même à leur insçu, & presque malgré eux.

Ici se retrace à ma mémoire, & je voudrais rappeler à la vôtre, l'histoire d'un grand nombre de héros magnanimes dont l'ame forte & grande a offert les modèles du plus généreux patriotisme,

J'en ai présenté en d'autres temps plusieurs traits dans cette tribune, en parlant du désintéressement personnel. Malheur à ceux qui regardent ces grands sacrifices, cette sublime générosité du vrai patriotisme comme une chimère ou une folie. Malheur à ceux qui le croient impraticable, parce qu'il se confond avec la raison, comme avec la probité, parce qu'il s'allie avec toutes les lumières & toutes les vertus. Malheur aux agitateurs hypocrites qui n'en empruntent que le mot pour couvrir leur insatiable ambition, leurs atroces vengeances, leur basse cupidité; qui ne s'en servent que pour croiser la marche du gouvernement, & pour faire du peuple naturellement bon, mais crédule, l'instrument & la victime de leurs fureurs ! Malheur en particulier, malheur aux agens perfides du gouvernement, qui couvrant par des discours artificieux des manœuvres perturbatrices, fomentent ou tolèrent les calamités publiques, malheur à ces agens ingrats & aveugles, qui n'existant que par la Patrie, ne consacrent pas toute leur existence pour la patrie !

Ah! Frères & amis, si le vrai patriotisme eût animé de sa chaleur vivifiante tous les Français, nous ne serions pas divisés, & la Patrie ne serait pas en péril. L'étranger audacieux n'aurait pas songé à venir nous porter des fers. Ce sont nos divisions anti-civiques qui l'appellent; ce sont nos divisions qui causent tous nos maux, qui nous paralysent, qui creusent autour de nous des précipices épouventables.

Et quoi ! ne sentirons-nous donc plus, malgré la grande expérience que nous venons de faire, que l'union fait la force ? tout ne nous manifeste-t-il pas cette grande vérité ? n'est-ce pas en réunissant les élémens épars, en concentrant les principes, en subordonnant toutes les résistances particulières à l'effort général, que dans le monde physique, la nature produit ses admirables phénomènes ?

Par des lois analogues, elle régit le monde moral. Elle rassemble les hommes en société. Plus leur union est intime, plus la société est fortunée. Consultez l'histoire des peuples les plus célèbres. Quel est donc le principe destructeur de cette union ? C'est ce malheureux égoïsme que tout le monde décrie & caresse, parce que chacun voudrait jouir du sacrifice de tous ; c'est cet intérêt personnel immodéré qui isole les Citoyens & tue le corps social.

Citoyens ! plus que jamais nous avons besoin de nous calmer, de nous unir, & même de nous aimer. Plusieurs partis déploient leurs bannières séduisantes pour nous attirer, & nous diviser. Ne soyons que du parti de la Patrie, de la Liberté, de la Constitution. Serrons-nous, bien loin de nous diviser ; & nous nous sauverons, nous sauverons la Patrie. Ne la voyons-nous pas tourmentée, cette chère patrie, au dedans & au dehors de mille manières cruelles ? Au dedans, par cette lutte terrible entre le pouvoir législatif & le pouvoir exécutif, par ces prêtres partout & perpétuellement séditieux, hypocrites & sanguinaires, par des attentats toujours renaissans qui nous mettent aux prises, & font tomber chaque fois quelques têtes? au dehors, par une partie de ses propres enfans, conjurés pour déchirer son sein ; par des armées étrangères qu'ils ont eu la barbarie de susciter contre elle ? Enfin, ne voyons-nous pas dans nos propres armées, parmi nos fonctionnaires publics, parmi nos concitoyens, des lâches, des prévaricateurs & des traîtres ? N'entendez-vous pas à chaque courrier le bruit des chaînes que le despotisme en fureur essaye de rajuster & d'appésantir, depuis que nous les avons rompues? ô gloire du nom Français que feriez-vous donc devenue ? n'existeriez-vous que dans des fastes qui ne serviraient qu'à ajouter à notre honte ? Frères & amis ! attendrons-nous donc pour nous rapprocher, pour nous unir, pour nous entendre, que la précipitation du danger nous égare, que l'épouvente nous aveugle, que des défaites nous abattent; que les incendies nous dispersent, que la guerre civile avec toutes ses horreurs laisse partout l'effroi, la désolation, & la mort; qu'elle allume dans des ames devenues atroces, des ressentimens profonds, des vengeances cruelles qui poursuivront même les races futures ? Ah ! Citoyens, Frères & amis, nous partageons les mêmes périls, les mêmes ressources, les mêmes destinées ; partageons donc les mêmes sentimens, les mêmes affections. Montons au niveau de notre situation. Elle est cruelle, elle peut être fort glorieuse. Rien n'est perdu, rien n'est encore désespéré. Souvenons-nous que rien ne doit être pénible pour un peuple qui combat pour sa liberté. Tous les peuples du monde nous en fournissent des exemples encourageans. Mais n'en aurions-nous pas le pressentiment dans le cœur ? Ne montrerions-nous aucune force d'ame ? notre courage aurait-il d'autre mesure que le danger ? Voyons toujours la gloire qui plâne sur nos têtes & qui apprête ses couronnes. Elle nous crie, Français ! songez que la Liberté que vous avez conquise doit être le signal de celle de tous les peuples, que vos triomphes sont ceux de l'Univers.... Quels sont les lâches qui seraient insensibles à de si hautes destinées ? amis ! il faut s'en rendre dignes, même en nous relevant après des défaites. Le sort des combats n'attache pas toujours la victoire aux mêmes drapeaux. Si ses caprices, contre la justice de notre cause, favorisaient les armes de nos ennemis, faisons leur payer cherement ses faveurs. Bravons la mort sans doute, combien n'est-elle pas préférable à l'esclavage !

bravons-là; mais en prenant nos mesures pour vaincre; & que les tyrans de toute espèce soient bien assurés de trouver partout des Spartiates, des Romains, inébranlables dans nos postes, infatigables dans les combats, ne voulant absolument ni trève, ni capitulation; mais la liberté ou la mort.

J'EN reviens toujours là, & je réduis à ce seul principe préservateur, tout ce que je viens de dire; c'est la liberté que nous obtiendrons, si nous obéissons fidélement à nos loix civiles & militaires, si nous cédons de bonne grâce à l'impulsion des autorités constituées, qui dans les grands périls, malgré les erreurs ou les fautes qu'on leur impute n'en soutiendront pas moins forcément la cause de la liberté, si nous nous unissons étroitement, si nous nous aidons, si nous nous encourageons, au lieu de nous traverser, de nous diffamer, de nous détruire. Quelle vérité formidable nous présente l'idée de notre convalescence! une nation régénérée était, la veille, une nation corrompue. Elle ne savait point être pauvre, le luxe pour elle était un besoin, & ce besoin faisait sentir tous les besoins, & naître tous les vices; elle était amolie; énervée, façonnée à l'esclavage; elle était moins une nation qu'un troupeau. Aujourd'hui nous sommes un miracle dans le monde politique. Nous guérissons d'une maladie mortelle. Nous péririons infailliblement d'une rechute. De quels ménagemens n'avons-nous donc pas besoin ! à quels sacrifices ne devons-nous pas nous résoudre !

Et cependant, que pouvons-nous attendre de cet esprit de vertige qui au milieu du plus grand danger, enflâme les cerveaux ; & répand dans tous les cœurs les soupçons, la haine, la vengeance, l'ambition ?

Législateurs ! bannissez ces dissentions fâcheuses qui, faisant d'une assemblée de sages une arène de gladiateurs, nuisent tant à la confiance que la Nation a besoin de voir attachée à vos décrets, qui nuisent tant à vos décrets eux-mêmes. Songez à la mission formidable qui vous charge des destinées de l'Empire, & à la responsabilité morale à laquelle vous n'échapperez point. Incertains entre le maintien de la Constitution qui nous donne une Patrie, & la violation de cette Constitution pour le salut de la Patrie, vous flottez, entre le parjure & la consternation, entre la vie & la mort. Observez qu'en brusquant les ressorts de la machine politique, on les rompt. N'oubliez pas que la volonté générale est la seule souveraine, & que votre volonté particulière, ne serait qu'une aristocratie insupportable, si vous la laissiez prévaloir. Souvenez-vous, (si vous pouviez violer vos sermens,) qu'à Rome l'expulsion des Tarquins dût être dès long-temps préparée par l'opinion publique ; que les

Décemvirs feignant de faire des loix, forgèrent des fers; que les *Triumvirs* ne répandirent que des calamités; que les Dictateurs ne furent que des bourreaux. Faites converger sur votre position, de grandes masses de lumière. Voyez vos contemporains & la postérité, qui vous jugeront sévèrement. Voyez la politique européenne, que nous avions allarmée, comme elle sourit de votre embarras, comme elle contemple sa proye.... Les armées étrangères nous talonnent; la charge sonne. Ah! n'écoutez plus vos passions; n'écoutez que le cri de la Patrie; épuisez vos moyens; profitez de vos fautes; connaissez-les; vous vous appercevez bien tard de la perfidie de nos premiers agens. Qu'est-ce qu'un pouvoir d'exécuter qui n'a été qu'un pouvoir d'empêcher? Un peuple sans armes peut être attaqué; mais il il est inoui qu'un peuple sans armes entreprenne une guerre. Ensuite, pourquoi ces petits détachemens, avec des millions de soldats? Pourquoi ces petits expédiens avec tant de ressources? Pourquoi ces temporisations perpétuelles, quand l'incendie nous dévore? Le corps politique est en danger de mort. Réunissez-vous donc franchement pour le sauver, & songez qu'il souffre de vos dissentions. Songez qu'il n'y a que deux jours que vous vous êtes embrassés; surtout ne perdez point courage. C'est au moment du paroxisme que le médecin doit considérer de sang froid son malade, se défier des sous-ordres, épuiser son art, se douter des fausses apparences de la mort, & ne jamais quitter qu'un cadavre. Vous êtes seuls chargés de la cure du corps politique. Périssez donc à vos postes, s'il le faut, comme nous saurons périr aux nôtres. Et toi, Monarque! jadis l'idole d'un peuple confiant & bon; toi, qui te rends de tous les mortels le plus infortuné sur le plus glorieux trône du monde; toi, qui avec un cœur porté au bien, des discours pathétiques & des proclamations attendrissantes, parais dans les œuvres de tes agens si contraire à toi-même & à la Nation qui t'a choisi pour chef, souffre qu'un Citoyen que tu as toi-même trouvé digne de ta confiance & de la liberté, par le refus qu'il a fait de tes grâces, qui venaient s'offrir à lui, te donne ici une aussi grande marque de reconnaissance que de patriotisme, en te conjurant de t'affranchir de ces vils courtisans qui ne font de toi qu'un illustre esclave, au milieu de leurs révérences perfides, lorsque livré à ta bonté naturelle, tu serais le roi le plus grand, le plus libre, le plus chéri de l'Univers! Considère l'épouvantable abîme au bord duquel ils ont conduit & la Patrie & toi-même. Hé bien, que feras-tu? Curtius se précipita jadis pour sauver Rome. Léonidas répondit décidément aux offres d'un Empire, à condition de livrer la Grèce: *J'aime mieux mourir pour elle* que d'y commander *injustement*. Ecoute, il ne s'agit pas ici d'un pareil dévouement. Mais si dans la crise où nous sommes, la plus périlleuse qui fut jamais, tu ne te sens pas assez fort pour résister au prestige qui t'enchaîne, pour tirer la France de l'état déplorable dans lequel tes agens & tes entours l'ont plongée, si le tocsin de la nécessité, pour me servir de l'expression de l'éloquent Mirabeau, se fait enfin distinctement entendre, il faut pourtant que la France se sauve; & il le faut absolument. Sois assez magnanime pour ne pas lui donner le coup de mort. Préviens une guerre civile qui ne peut que te devenir funeste à toi-même. Préviens un attentat prémédité contre la Constitution, & si la Loi Suprême, si véritablement le salut du peuple réclame un grand sacrifice, suspens toi-même volontairement une action discordante.... Ah! comme tu reparaîtrais bientôt sur le trône, couvert de bénédictions & de gloire! Tu ne sortirais un moment de la foule des rois, que pour monter pour toujours au rang des héros. Au moins, au moins, prouve ta bonne-foi, en te jettant dans les bras de l'Assemblée Nationale. Concerte avec elle le choix & l'action de tes ministres. Lève ce *veto*, funeste à ces mêmes perturbateurs que tu voulais sauver; sauve plutôt la France, de concert avec ses législateurs, par cette réunion commandée par l'impérieuse nécessité. O Louis!

médite ce conseil d'un homme libre , sensible & franc. Médite-le dans ta conscience, soumets le au calcul de ton véritable intérêt. De sa prompte exécution dépend peut-être le salut de la Patrie & le tien.

Et nous tous Français ! nous en tiendrons-nous à de légers sacrifices ? ferons-nous seulement émus quelques instans à la voix de nos orateurs , & retournerons-nous à nos plaisirs, quand il ne faut songer qu'à défendre nos foyers ? Aurions-nous oublié cet oracle des fondateurs de la liberté française , prononcé le lendemain de la fuite du roi & de la famille royale ? « La France veut
» être libre & elle sera libre : on cherche à faire
» rétrograder la révolution , & la révolution ne
» rétrogradera point. Français ! telle est votre
» volonté : elle sera accomplie ».

Il me semble que nous devenons froids & insensibles sur nos dangers, indifférens sur nos querelles. Voyez les tyrans comme ils se rallient, malgré leurs rivalités & leurs haines ; voyez comme ils s'unissent contre nous qui nous divisons, malgré notre confraternité naturelle , nos fédérations extraordinaires, nos fermens mille fois réitérés. Voyez ces armées disciplinées & manœuvrières , issues des camps de Spandeau & de Magdebourg, élèves de ces écoles formidables du grand Fréderic ; voyez-les s'avançant à grands pas contre un peuple valeureux, mais divisé, enflâmé de l'amour de fa liberté, mais furpris dans les entraves de la moleffe & dans le défordre de l'indifcipline ; fenfible à l'honneur, poffédé de l'amour de la gloire, manifeftant l'horreur de la honte ; mais plus enclin à la chimère des diftinctions qu'aux douceurs réelles de l'égalité ; moins attentif aux faintes infpirations de l'efprit public, qu'aux féduifantes fuggeftions de l'égoïfme ; plus attaché à un parti qu'à la Patrie ; moins épris des charmes de la vertu, qu'ébloui de l'éclat des richeffes ; plus habile à polir fes vices qu'à les déraciner ; facile au foupçon comme à la confiance ; précipité dans fes jugemens comme dans fes déterminations ; il fe trouve enivré de voluptés, au moment où il aurait befoin d'être endurci aux fatigues ; enfin, par fes exercices dans l'art des jouiffances, affaibli, énervé, dépourvu de cette trempe de l'ame, qui réfifte aux revers, familiarife avec les périls, & découvre les moyens de les prévenir & de les furmonter.

Tel eft le Français, aujourd'hui qu'il aurait tant de befoin de déployer un grand caractère. Et nous ne nous unirions pas pour compenfer tous les avantages qui nous manquent, & qu'en peu de temps nous fommes capables d'acquérir, & nous ne fuivrions pas en foule nos braves bataillons volontaires, qui fe couvrent de lauriers !

& nous nous prosternerions, en attendant d'être liés au joug des despotes! Entendez-vous l'insolence de leurs menaces, & ce qui n'est pas moins révoltant, l'offre de leur avilissante protection, si nous ouvrons nos portes, nos bras, pour les recevoir!... Et nous n'aspirerions pas à la gloire immortelle de mettre fin au règne des tyrans! Et nous ne nous garantirions pas à jamais de leurs fureurs! Amour sacré de la patrie, que seriez-vous donc devenu! Comment oser se dire patriote, comment ne pas livrer ses foyers, lorsqu'au lieu de voler sous les drapeaux de la victoire, on souffle partout la discorde, la défiance & la haine; on se livre au torrent de l'esprit de parti; on substitue son caprice à la loi; & l'on feint de sauver la France en la désorganisant!

Braves Citoyens! Laissons, laissons nos funestes querelles. La fédération que nous venons de renouveller doit les avoir éteintes. Elle doit aussi nous avoir rappelé les miracles du patriotisme; mais vous le voyez, elle ne nous a point annoncé la fin de ses travaux, ni de ses triomphes. Elle nous a offert un spectacle plus propre à émouvoir l'homme sensible qu'à satisfaire le politique méditatif. Le monstre du fanatisme aux abois, rugissant en exhalant encore parmi nous ses funestes poisons, les tyrans alarmés conjurant au dehors contre un peuple qui donne l'éveil à tous les autres peuples, font encore moins à craindre pour nous, que nous-mêmes; moins à craindre que cette intolérante rivalité d'opinions & de sectes forties du même sein, du sein qu'elles déchirent, établissant leur champ de bataille jusques dans l'Assemblée Nationale, dans le sanctuaire même de la loi & de la paix, se livrant un combat à mort, au lieu de se réunir pour faire vivre & consoler la Patrie; moins à craindre que cet esprit de parti, qui n'est qu'un esprit de discorde qui acharne depuis quelques mois les amis, eux-mêmes, de la révolutions, de fondateurs même de la Constitution, des législateurs, des fonctionnaires publics, tous les français enfin, les uns contre les autres, souffle des adresses, des pétitions, si contradictoires, si téméraires, produit des imputations mensongères, provoque des dénonciations criminelles, calomnie les meilleures intentions, sème la défiance, échauffe des contreverses, qui ont aussi leur fanatisme, agite en sens contraires les patriotes, déjà fixés & unis sur la base sacrée des loix & les en écarte, brise tous les liens sociaux, déchire l'Empire, écartèle le corps politique, prépare les plus grandes catastrophes, porte des atteintes mortelles à la Constitution, notre seule bouffole, & à la liberté le grand but de la révolution.

La liberté ! Ah frères & amis ! A ce mot, ne faifirions-nous pas nos armes ? Nous laifferions-nous par nos propres fautes, par une lâche indolence, arracher un bien que nous ne recouvrerions plus ? Eft-ce que la vue du danger n'eft pas propre à échauffer l'ame des français, pendant fi long-temps affervis ? Tout être fenfible, d'ailleurs, ne s'irrite-t-il pas contre des vexations de longue durée, comme les corps s'échauffent par les frottemens, ou fe repouffent par les collifions ? Réfiftons à l'oppreffion ; c'eft une loi de la nature. Déployons-nous avec énergie ; mais avec ce calme qui nous laiffe toujours appercevoir à-la-fois & notre but & nos moyens. Obéiffons à nos loix, c'eft obéir à nous-mêmes ; foyons intimément unis, c'eft nous rendre invincibles. Courons à l'ennemi ; rien ne nous réfiftera ; nous demeurerons libres, le monde entier s'affranchira comme nous.

Vous donc, Citoyens ! que la Patrie appelle, vous à qui la loi vient d'en tranfmettre les accens plaintifs ; hâtez-vous donc. Venez infcrire vos noms en ce moment, fur ce bureau ; & partez avec courage. Vous venez d'entendre (*)

―――――――――――――――――――
(*) J'allais prononcer ce Difcours, lorfque M. *Provence*, ancien Commandant du Château & de la Garde nationale

la

la détermination généreuse du chef de la garde nationale de cette ville. Père de famille, jouissant du droit de se reposer de ses anciens travaux, il consulte moins le nombre de ses enfans & celui de ses années, que le besoin de la Patrie. Le zèle qui l'enflamme le pousse aux frontières ; il vous annonce qu'il va s'inscrire ; imitez son exemple ; joignez-vous à lui ; que l'honneur vous conduise à la victoire ! Quelques mois peuvent vous suffire pour dompter les tyrans, & rompre les fers de l'Europe entière. Représentez-vous votre retour parmi nous ; avec quels transports vous serez accueillis ! Nous vous serrerons dans nos bras, nos larmes se confondront. Les jours de fête succéderont à des jours d'alarmes. Vous nous raconterez vos exploits, vous les redirez à vos enfans. L'histoire les répétera aux races futures. Vos noms inscrits au temple de mémoire, seront en bénédiction, & honoreront à jamais

---

de Sommières, annonça à l'Assemblée, qu'il allait s'inscrire pour aller aux frontières. Je demandai sur-le-champ, & j'obtins à l'unanimité, la mention honorable au procès-verbal de cette généreuse détermination, qui me fit hasarder, dans cette partie de ma péroraison, l'apostrophe suivante, seulement jusqu'à ces mots : *Non, Frères & Amis ! Je n'ai pas besoin, je le vois assez, pour vous exciter, &c.*

C

votre postérité. Voilà, s'écriera la renommée, voilà les Sauveurs de la France, les courageux restaurateurs, les vrais fondateurs de la liberté. Non, frères & amis ! Je n'ai pas besoin, je le vois assez, pour vous exciter à courir aux frontières, de vous représenter ici la triste image de la Patrie éplorée, ne poussant que des cris impuissans, une soldatesque étrangère & féroce déchaînée dans nos Villes & dans nos champs, faisant de nos places publiques des théâtres de carnage & d'horreur, répandant par-tout la désolation & la mort ; nos vieillards, nos femmes, nos enfans, gissans sur le seuil de nos portes......, Non, je n'ai pas besoin d'esquisser ce déchirant tableau....., Et par-dessus tout les fers honteux de la servitude qui puniraient à jamais de nos querelles & de nos désordres, ceux qui auraient eu le malheur d'échapper au couteau du despotisme en fureur. Non, Paris ne verra point les cruels tyrans qui s'apprêtent à y porter le fer & la flamme ; non, nos foyers ne seront pas profanés, nos campagnes ne seront pas ravagées impunément par les farouches satellites du despotisme, par ces esclaves aguerris qui s'apprêtent à venir nous arracher, au nom de leur maître, le fruit de nos sueurs, notre subsistance, notre pain journalier. Hâtez-vous donc, Citoyens, assez heureux pour que rien ne vous arrête, courrez aux frontières : songez que le patriotisme a toujours fait des miracles de valeur. De vos files généreuses, je vois déjà sortir des *Miltiade*, des *Scipion*, des *Bayars*. Rappelez-vous des Perses taillés en pièces à Marathon & à Salamine, de la résistance prodigieuse des Spartiates aux Thermopiles, des Romains si formidables à Carthage, des Agriculteurs-Américains au-delà de la Dellaware, faisant de nos jours, sans expérience des camps & des combats, mettre bas les armes à 6000 soldats disciplinés de la Grande-Brétagne. Voyez jusqu'à aujourd'hui nos troupes toujours inférieures en nombre, si souvent supérieures en succès. Hâtez-vous donc de vous inscrire... maintenant... sur ce Bureau... que dis-je ? Dans les fastes de la Nation...... Allons..... Voyez la Patrie qui vous prépare des triomphes, vos concitoyens & la postérité qui vont vous nommer leurs libérateurs. Chaque moment perdu retarde vos succès........ Allons...... Que nos frontières ne soient plus qu'un rempart vivant, hérissé de baïonnettes & de piques. Nous, si nous sommes condamnés à demeurer attachés à l'intérieur, nous y prendrons soin de vos proches, nous y veillerons à vos intérêts, nous y contiendrons la malveillance. N'ayons qu'un cœur & qu'une ame, & la France est sauvée ; & bientôt l'Europe entière se réveillera, & l'humanité rentrera dans ses droits : nos opinions politiques comme nos opinions religieuses seront épurées, les fanatiques & les tyrans mordront la poussière ; & nous, & enfin la terre entière, & notre postérité, nous jouirons en paix de nos triomphes.

F I N.

www.ingramcontent.com/pod-product-compliance
Lightning Source LLC
Chambersburg PA
CBHW061013050426
42453CB00009B/1403